Werner Färber

Total klasse!
Die 3a im Fußballfieber

AF217730

Werner Färber

Die 3a

im Fußballfieber

Mit Bildern von Elisabeth Holzhausen

Hase und Igel®

Für Lehrkräfte gibt es zu diesem Buch
ausführliches Begleitmaterial beim Hase und Igel Verlag.

Weitere Bände dieser Reihe:
Total klasse! Die 3a unter Verdacht
Total klasse! Klassenfahrt mit Stolpersteinen
Total klasse! Auf dem Schulweg erpresst
Total klasse! Die 3a im Weihnachtstrubel
Total klasse! Die 3a im Forscherfieber

Originalausgabe
© 2010 Hase und Igel Verlag GmbH, München
www.hase-und-igel.de
Lektorat: Elena Andrae
Coverentwurf und Reihensignet: Margit Kick
Druck: Grafisches Centrum Cuno GmbH & Co. KG

ISBN 978-3-86760-112-2
4. Auflage 2023

1. Kapitel

Geld für die Schule

Leo lässt seine drei Stürmer rotieren, dass einem schwindlig werden könnte. Das Geschoss saust haarscharf am Torwart vorbei. Mit lautem Knall kracht die Kugel gegen die Rückwand des Tors. Pia lässt die Handgriffe für ihren Torhüter und die Verteidigerreihe los, reißt jubelnd die Arme hoch und klatscht ihren Spielpartner ab. „YES!"

„So, Leute, putzt endlich die Platte", sagt einer der größeren Jungen, die schon lange darauf warten, spielen zu dürfen. Der neue Kickertisch im Kinder- und Jugendzentrum ist heiß begehrt.

Doch Murat und Stefanie wollen das Feld noch nicht räumen.

„Das letzte Tor zählt nicht!", beschwert sich Murat.

„Du hast gekurbelt, Leo. Kurbeln gilt nicht!", protestiert Stefanie.

„Du hast vorhin auch gekurbelt", hält Pia dagegen. „Bei Leo und mir gilt die Regel, und bei dir nicht?"

„Als Stefanie gekurbelt hat, ist kein Tor gefallen", wendet Murat ein.

„Ich fass es nicht!", schimpft einer der Wartenden. „Was soll das jetzt? Ihr wollt nur länger spielen!"

„Nur noch ein Tor! Das geht bestimmt ganz schnell", sagt Pia. Siegessicher grinst sie hinüber zu Murat und Stefanie.

Leo schiebt die Kugel ins Mittelloch. Unerreichbar für beide Fünferreihen rollt sie an der Mittellinie entlang bis zur gegenüberliegenden

Wand des Kickertisches. Als sie zurückrollt, erwischt Leo sie mit seinem linken Männchen, spielt sie schräg durch Stefanies Mittelreihe zu seinen Stürmern. Zack, Tor!

Endlich überlassen die vier Freunde aus der 3a den Kickertisch dem nächsten Quartett. Sie gehen in die KiJuZ-Bar, um sich zu erfrischen.

„Da ist ein Tisch frei", sagt Pia. „Leo und ich besetzen ihn, holt ihr die Getränke?"

„Die Verlierer geben einen aus, Tüte!", ruft Leo hinter Murat her.

„Ist ja schon gut, Mann", grummelt Murat.

Kurz darauf kommen Stefanie und Murat mit zwei Flaschen Limo für Pia und Leo sowie zwei Bechern mit kaltem Früchtetee für sich selbst zurück. Früchtetee gibt's im KiJuZ umsonst. Limo kostet Geld.

„Wir können auch teilen", sagt Pia, die weiß, dass Murat wenig Taschengeld bekommt.

„Spielschulden sind Ehrenschulden", erwidert Murat stolz.

„Sagt mal, wäre ein Kickerturnier nicht auch eine tolle Sponsorenidee für die Schule?", fragt Stefanie mit nachdenklicher Miene.

Murat nickt begeistert. „Voll gut, die Idee."

Die Kinder der Mühlberg-Grundschule sind aufgerufen, nach Möglichkeiten zu suchen, wie sie Geld auftreiben können. Zum nächsten Schuljahr soll der Ganztagsbetrieb eingeführt werden. Ein paar haben zwar Angst, dass sie dann mittags nichts Anständiges mehr zu essen bekommen oder doppelt so viel lernen müssen, aber viele haben sich längst mit dem Gedanken angefreundet. Es wird nämlich nicht zweimal so viel Mathe, Deutsch oder Englisch geben, sondern jede Menge spannende Sonderkurse: Orchester, Sport,

Kunst, Theater, kleine Forschungsprojekte, Akrobatik, Tanz und sogar ein Schulzoo soll gegründet werden. Angeblich hat die Stadt jedoch nicht ausreichend Geld, um die vielen tollen Ideen umzusetzen. Deshalb hat Herr Dieckmann, der Schulleiter, einigen seiner Kollegen der Stadt einen Handel vorgeschlagen: Für jeden Euro, den die Schule an Spenden zusammenkratzt, legt die Stadt einen Euro drauf. Über die Verwendung des Gesamtbetrags darf die Schule selbst entscheiden.

Letzte Woche hat Herr Dieckmann den Kindern die Sponsoren-Vereinbarung im Rahmen einer Schulversammlung erklärt. Die Klassen sollen sich am Geldsammeln beteiligen. Bis jetzt hat die 3a mit ihren Ideen jedoch nur Pech gehabt – jeder Vorschlag, wie man Eltern, Verwandten, Nachbarn, Bekannten oder Geschäftsleuten Geld aus der Tasche locken könnte, war bereits von anderen Klassen angemeldet worden. Pia hat zum Beispiel angeregt, man könnte beim Schulbasar selbst gebackene Waffeln verkaufen – die 2b war mit denselben Plänen schon im Sekretariat gewesen. Stefanies Vorschlag, die 3a sollte sich beim Sportfest die Zahl der gelaufenen Runden bezahlen lassen, war bereits von der 3b eingetragen worden. Tina, die selbst genial malen und zeichnen kann, hat vorgeschlagen Bilder zu versteigern. Auch diese Idee war schon vergeben. Einkaufen für Senioren oder Gartenarbeiten für die Nachbarn – alles schon belegt.

„Was brütet ihr denn aus?", spricht Leos großer Bruder Lars die vier Freunde nun im KiJuZ an.

„Wir denken über eine Spendenaktion für die Schule nach", sagt Leo.

„Habt ihr was gefunden?", fragt Lars.

Murat tippt sich an die Stirn. „Das werden wir nicht ausgerechnet einem aus der 4b auf die Nase binden."

Lars verdreht die Augen und zieht weiter.

„Was soll das, Tüte?", sagt Leo, weil Murat Lars so fies abgefertigt hat. „Lars ist mein Bruder."

„Ich will nur nicht, dass uns diese Idee auch noch flöten geht", sagt Murat. „Ein Kickerturnier finde ich nämlich total klasse! Also: bis morgen kein Wort zu niemandem!"

2. Kapitel

Kleine Spieler? – Große Spieler!

„Ein Kickerturnier?", fragt Frau Besenbinder, die Lehrerin der 3a, am nächsten Morgen. „Am besten, ihr meldet es an, bevor uns wieder jemand zuvorkommt."

Ein Dutzend Hände schießen in die Luft. „Ich geh!" – „Kann ich ins Sekretariat?" – „Ich will zu Frau Weiß!"

„Regt euch ab!", meldet sich Murat zu Wort. „Ist nicht nötig. Hab ich vorhin schon erledigt."

„Du kannst so was nicht einfach für alle entscheiden", sagt Zacharias.

„Hab ich doch gar nicht, Mann", erwidert Murat. „Wenn's euch nicht gefällt, kann man's ja wieder abmelden. Außerdem …", er dreht sich zu den anderen um, „… wer findet ein Kickerturnier gut?" Fast alle Hände fliegen hoch. Mit vor der Brust verschränkten Armen wendet sich Murat triumphierend wieder an Zacharias.

„Wenn ihr euch so einig seid", sagt Besi, wie Frau Besenbinder von den Kindern oft genannt wird, „lasst uns gleich mal die Einzelheiten besprechen."

„Wir spielen jeder gegen jeden", schlägt Benno vor.

„Die Sponsoren zahlen für jedes Tor einen festen Betrag", sagt Stefanie. „Ähnlich wie bei der 1a. Die laufen eine Stunde lang Treppen und bekommen für jede Stufe einen halben Cent oder so." Stefanie kichert. „Echt süß die Kleinen – Treppenlaufen."

„Hoffentlich fällt von den Babys keins runter", sagt Dragan.

„Und wie viel ist ein Tor wert?", fragt Besi in die Runde.

„Augenblick." Wolfram nimmt einen Stift und schreibt Zahlen auf. „Bei einem Turnier jeder gegen jeden macht das bei 26 Kindern 325 Spiele", sagt er. „Wenn der Sieger zehn Tore haben muss, heißt das, dass bei einem Spiel mindestens zwölf, 15 Tore fallen. Das macht, Moment, gute 4500 Tore. Bei zwei Sponsoren pro Kind, einem Cent pro Tor", er kritzelt weiter auf seinem Blatt herum, „kriegen wir 2340 Euro!"

„Wow!" – „Krass!" – „Wie rechnest du so was bloß aus?" – „Wahnsinn!", rufen die Kinder.

Frau Besenbinder schüttelt den Kopf. „Moment mal, Kinder! Die Rechnung unseres Mathegenies ist zwar genial, allerdings werdet ihr nicht viele Sponsoren finden, die so eine hohe Summe aufbringen wollen."

„Ein Cent pro Tor ist doch nicht viel!", sagt Vicky.

„Einzeln betrachtet nicht", stimmt Besi zu. „Aber bei 4500 Toren müsste jeder Sponsor genau 45 Euro zahlen."

„Müssen wir den Leuten verraten, dass so viele Tore möglich sind?", fragt Oskar.

„Ist doch für'n guten Zweck!", ruft Dragan.

„Mein Papa wäre bestimmt sauer, wenn es so teuer würde", sagt Frederike leise.

„Pff", macht Zacharias geringschätzig. „Mein Papa könnte locker auch einen Euro pro Tor bezahlen."

Während viele genervt stöhnen, geht Besi über Zacharias' großspurige Bemerkung hinweg. „Wir verschieben die Entscheidung über den Betrag pro Tor auf später. Es gibt noch andere Punkte zu klären: Wann spielen wir? Wo spielen wir? Wer erstellt den Turnierplan? Woher bekommen wir Kickertische?"

Nach der anfänglichen Begeisterung stürzen die Kinder nun in ein Loch der Ernüchterung. Niemand ist im Besitz eines stabilen Kickertisches. Selbst wenn sie den aus dem KiJuZ ausleihen könnten, würde es lange dauern, die von Wolfram errechneten 325 Spiele durchzuführen.

„Und wenn wir paarweise spielen?", schlägt Pia vor.

Wolfram schreibt schon wieder Zahlen auf sein Blatt. „Das gibt 78 Spiele und die bringen – Moment – bei einem Cent pro Tor und zwei Sponsoren pro Kind schlappe 560 Euro."

„Den Tisch aus dem KiJuZ kriegen wir nie", wendet Murat ein. „Der ist doch voll heilig, weil er so neu ist."

„Dann spielen wir das Turnier eben dort", meint Naomi.

Murat verdreht die Augen und schüttelt ganz langsam den Kopf. „Im KiJuZ gibt's doch schon jetzt ständig Streit, weil man am Kickertisch immer Schlange stehen muss."

Für ein paar Sekunden herrscht betretenes Schweigen.

Gerit meldet sich. „Wie wär's mit Tipp-Kick?"

„Was ist das denn?", fragt Anton.

„Du kennst Tipp-Kick nicht? Die Männchen mit dem Knopf auf dem Kopf? Wenn man draufdrückt, schießt das Bein der Figur vor und haut den Ball ins Tor. Und den Torwart kann man mit so einer Stange im Rücken nach links und rechts kippen."

„Babykram!", ruft jemand. Der Großteil der Klasse reagiert ablehnend. Gerit nimmt es sportlich und zuckt nur mit den Schultern.

Murat springt auf. „Hey! Ich hab's. Wir machen ein richtiges Fußballturnier! In der Sporthalle. Alle Klassen spielen gegeneinander." Er ist total aufgedreht, wirkt wie elektrisiert und eilt zur Tür.

„Moment! Wo willst du hin?", wird er von Besi gebremst.

„Zu Frau Weiß. Ich melde das Kickerturnier ab und ein richtiges Fußballturnier an."

„Hast du schon mal was von Regeln gehört?", fragt Besi.

Murat hat keinen Schimmer, worauf sie hinauswill. „Wie jetzt? Meinen Sie Abseits, Handspiel und Foul und so?"

Besi blickt hilfesuchend zur Decke. „Murat, setz dich bitte zurück auf deinen Platz. Ich meine unsere Klassenregeln: Sich melden, bevor man etwas sagt. Die geschätzte Lehrerin fragen, ob man raus darf. Und so. – Erinnerst du dich?"

Murat senkt den Blick. „Ups." Er setzt sich auf seinen Stuhl.

Frau Besenbinder schaut auf die Uhr. „Lasst uns die verbleibenden 25 Minuten für die Planung eures Turniers verwenden. Diese Stunde ist sowieso gelaufen. Und wehe, in der nächsten Stunde wird nicht stramm gearbeitet!"

Fast alle Kinder der 3a stimmen dem Vorschlag zu, das von Murat angemeldete Kickerturnier durch ein richtiges Fußballturnier zu ersetzen. Allerdings keines für die ganze Schule, sondern nur für die 3a. Sie wollen fünf Mannschaften mit je fünf Kindern bilden. Ralf, der Sechsundzwanzigste, der sich kürzlich beim Skateboardfahren den Arm gebrochen hat, wird zum Schiedsrichter ernannt. Er darf auch die Ergebnisliste und die Tabelle pflegen. Natürlich soll das Turnier gleich in den nächsten Wochen über die Bühne gehen.

„Wenn fünf Teams je zweimal gegeneinander spielen, macht das 20 Spiele", sagt Wolfram. „Wie viel Kohle sollen wir von den Sponsoren pro Tor verlangen?"

„Ich weiß ja nicht, ob verlangen das richtige Wort ist", meint Xaver. „Wie wär's, wenn wir sie darum bitten?"

„Hübscher Einwand", stimmt Besi ihm zu.

„Eine ungefähre Ahnung, was der Spaß kosten könnte, sollten die Leute aber schon haben", sagt Ilona. „Nicht, dass es manchen zu teuer wird und sie dann wieder abspringen."

Zacharias winkt mit großer Geste ab. Doch bevor er etwas sagen kann, fährt Ilona fort: „Ausgenommen sind natürlich reiche Supereltern, die unserer Schule locker die Instrumente für ein ganzes Orchester kaufen könnten. – Schon seltsam, dass sie es nicht einfach tun." Sie funkelt Zacharias streitlustig an.

„Wie wär's denn mit einem Probespiel?", mischt sich Besi ein, um den Sticheleien ein Ende zu bereiten.

„He, das ist es!" – „Super!" – „Klasse Idee!"

„Wer erkundigt sich, zu welchen Zeiten wir die Sporthalle belegen können?" Frau Besenbinder will anscheinend Nägel mit Köpfen machen.

„Ist so gut wie erledigt", meldet sich Oskar pflichtbewusst als Klassensprecher. „Bei wem mach ich das?"

„Der Hallenplan liegt beim Hausmeister", antwortet Besi.

„Aber der ist doch im Krankenhaus", erinnert Ilona an den Unfall des Hausmeisters.

Besi nickt. „Und es heißt, er würde nicht mehr an unsere Schule zurückkehren."

„Sind seine Verletzungen so schlimm?", fragt Ulli.

Herr Pelzig, der fast immer Putzig genannt wird, war vor ein Auto gelaufen, als er sich für ein paar Kinder eingesetzt hatte und blindlings auf die Straße gerannt war. Mit einem gebrochenen Bein, angeknacksten Rippen sowie einer Gehirnerschütterung war er ins Krankenhaus eingeliefert worden.

„Nein, nein", beruhigt Frau Besenbinder die Kinder. „Es geht ihm täglich besser. Aber unser hochgeschätzter Hausmeister hat offenbar eine andere Arbeit in Aussicht."

Mit ihrer ironischen Bemerkung löst Besi Gekicher aus. Putzig war der übellaunigste Hausmeister aller Zeiten. Vermutlich empfinden es viele als Segen, ihn nie wieder ertragen zu müssen.

„Wann bekommen wir einen Neuen?", fragt Oskar.

„Frag Frau Weiß", antwortet Besi. „Die wird es wissen. Bestimmt kann sie dir auch sagen, an wen du dich wegen der Halle wenden musst."

3. Kapitel

Personalwechsel

Noch am selben Vormittag besuchen Oskar und Ilona Frau Weiß im Sekretariat.

„Wir wollten fragen, ob wir die Sporthalle belegen können", sagt Oskar.

„Für unser Fußballturnier", ergänzt Ilona.

„Ihr braucht die Halle? Wie viele Kickertische habt ihr denn?"

„Es soll jetzt doch ein richtiges Fußballturnier werden", sagt Ilona. „Fünf Mannschaften mit Hin- und Rückrunde. Dafür bräuchten wir die Sporthalle."

„Können Sie uns sagen, wann sie frei ist?", fragt Oskar.

„Da wendet ihr euch am besten an die Hausmeisterin."

„Frau Putzig, ähm, Frau Pelzig?", fragt Ilona.

Die Schulsekretärin schüttelt den Kopf. „Frau Pelzig ist nicht die Hausmeisterin, sondern die Frau des Hausmeisters. Sie war es, um genau zu sein."

„Wie? Ist Putzig tot?", fragt Ilona entsetzt.

„Ach wo", antwortet die Sekretärin. „Er ist nicht einmal mehr im Krankenhaus. Aber er kommt nicht mehr zu uns zurück."

„Ach deshalb *war*", sagt Ilona erleichtert. „Dass er nicht mehr kommt, wissen wir schon."

„Wie es der Zufall will", fährt Frau Weiß fort, „haben wir seit heute Ersatz. Aber sie muss sich erst einarbeiten."

„Eine Frau?", fragt Oskar.

Frau Weiß schaut ihn überrascht an: „Wäre ein Mann besser?"

„Nein! Aber es ist doch eher selten, dass eine Frau so was macht, oder?"

„Ist sie nett?", fragt Ilona.

„Im Vergleich zu Putzig bestimmt", bemerkt Oskar.

„Wenn man vom Teufel spricht", flüstert Frau Weiß und nickt Richtung Tür im Rücken der Kinder. „Fragt sie am besten selbst." Sie wendet sich an die Frau, die soeben den Raum betreten hat: „Das sind Ilona und Oskar aus der 3a."

Die neue Hausmeisterin ist mittelgroß, schlank und trägt einen hellblauen Overall. Auf den ersten Blick wirkt sie durchaus freundlich. Oskars

Blick fällt auf den Schlüsselbund, der mit etwa einem Dutzend Plüschtieren an einer ihrer Gürtelschlaufen baumelt. Wer solche Schlüsselanhänger sammelt, kann nicht so übel sein, oder? Ilona fallen sofort die weißblonden Haare auf. Da sie gerne Hausmeister- und Blondinenwitze erzählt, kann sie jetzt beide Witzarten zu einer verschmelzen!

„Aus der 3a?", fragt die Hausmeisterin. „Das ist die Klasse, vor der mich Herr Pelzig gewarnt hat."

„Sie kennen Pu…, Herrn Pelzig?", fragt Ilona.

„Und ob ich den alten Miesepeter kenne! Er hat mir doch selbst von der frei werdenden Stelle erzählt. Natürlich habe ich ihn gefragt, wie die Schule ist. Man will ja wissen, was einen erwartet."

„Und was hat er erzählt?", fragt Oskar.

„Wenn's nach ihm ginge, würdet ihr bis zum St. Nimmerleinstag keinen neuen Hausmeister bekommen. Wie hat er sich ausgedrückt? Schulen sind die Brutstätten für Verbrecher und Räuber." Die neue Hausmeisterin stemmt die Hände in die Hüften. „Das will ich sehen, hab ich mir gesagt. Eine Schule voller Räuber ist die richtige Herausforderung für mich." Sie hält Ilona die rechte Hand entgegen. „Ich heiße Lukas. Wie Prinz Poldi. Nur mit Nachnamen."

„Wer ist Prinz Poldi?", fragt Ilona.

„Lukas Podolski – Fußballprofi", klärt Oskar Ilona auf. Er wendet sich an die Hausmeisterin. „Sie mögen Fußball?"

„Mögen? Ich lebe Fußball! Beim Fußball macht mir keiner was vor. Du stehst vor einer Trainerin des FC."

Oskar zeigt sich beeindruckt. „Trainerin beim FC? Wow." Er ist sich jetzt absolut sicher, dass sie die Halle bekommen werden.

„Meine B-Juniorinnen haben in der letzten Saison den Titel geholt. Und wenn wir erst mal eine Ganztagsschule sind, werde ich hier eine Fußball-AG leiten."

„Super!", sagt Ilona. „Wir planen nämlich ein Fußballturnier und wollten fragen, ob wir vielleicht die Halle …"

„Für ein Fußballturnier? Aber natürlich!", fällt ihr Frau Lukas ins Wort. „Und sollte sie belegt sein, mache ich sie für euch frei."

„Danke!", rufen die beiden wie aus einem Mund.

Die Hausmeisterin holt ihr Notizbuch aus einer der vielen Taschen ihres Overalls. „Welche Zeiten soll ich für euch eintragen?"

„Das wissen wir noch nicht genau. Am besten wäre es wahrscheinlich nach der letzten Unterrichtsstunde", sagt Ilona.

„Da lässt sich garantiert was machen."

„Total klasse", sagt Oskar. „Wir melden uns, sobald wir unseren Spielplan haben."

Sie stürzen sofort los, um die Klasse zu informieren.

4. Kapitel

Wer mit wem?

„Wie teilen wir die Mannschaften ein?", fragt Corinna, als sich der Jubel um die Zusage für die Halle gelegt hat.

„Jungs gegen Mädchen!", ruft Anton. „Null Chance für die Weiber!"

„Erstens geht das nicht auf", erwidert Jana, „weil wir 13 Jungs und 13 Mädchen sind. Zweitens finde ich gemischte Teams besser."

„Eine reine Mädchenmannschaft sollten wir aber mindestens machen", widerspricht Naomi.

„Ihr wisst ja nicht mal, dass der Ball rund ist und ins Eckige muss", lästert Zacharias. „Und die Regeln kennt ihr auch nicht."

Vicky verschränkt die Arme vor der Brust. „Hast du es etwa schon mal zum Auflaufkind gebracht wie Jana?"

Mit dieser Frage bringt Vicky Ralf zum Kichern. „Auflaufkind? Backe, backe, Jana – oder was?"

„Ja, genau", sagt Zacharias. „Was soll das sein?"

„Da sieht man, wer Ahnung hat", antwortet Naomi. „Jana war in der letzten Saison Auflaufkind bei einem Heimspiel vom FC. Als Belohnung. Weil sie so gut gespielt hat."

„Echt jetzt?", fragt Murat. „Du durftest mit einem Profi an der Hand aufs Feld laufen? Vor Tausenden von Zuschauern?"

„Sogar das Fernsehen war dabei", sagt Jana.

„Jetzt kapier ich, was ein Auflaufkind ist", sagt Leo. „Wenn man die Spieler vor dem Anpfiff auf den Platz begleitet."

Jana nickt. „Beim Pokalspiel durfte ich mit einem der Gegner aufs Feld. Da war ich echt lange im Bild."

„Wow!" – „Mit wem denn?" – „Krass!" – „Ist ja echt scharf."

Jana wirkt plötzlich größer. „Tim Borowski von Bremen."

„Wahnsinn", sagt Dragan.

„Den Brasilianer Diego hätte ich noch besser gefunden, aber den hab ich nicht bekommen", fügt Jana hinzu.

„So eine Chance kommt so schnell nicht wieder. Der spielt ja gar nicht mehr bei Werder", sagt Qadir.

„Borowski war aber auch nicht schlecht", sagt Jana.

„Wir könnten die Zimmerverteilung von der Klassenfahrt nehmen", schlägt Pia vor, um zur Einteilung der Teams zurückzukehren.

„Nein, danke!", stößt Zacharias hervor. Alle wissen, was er damit ausdrücken will. Auf Burg Borkenstein war auch Xaver im Dachzimmer der Jungs gewesen. Und dem Schwergewicht der Klasse traut Zacharias nicht viel zu.

„Wählt die fünf Mannschaften doch einfach so, wie ihr es sonst auch immer macht", schlägt Frau Besenbinder vor. „Wenn dabei reine Jungen- oder Mädchenmannschaften rauskommen, ist es auch recht."

Sie bittet Pia, Murat, Jana, Zacharias und Corinna nach vorn. Dass Pia als ersten Mitspieler Leo wählt, ist keine Überraschung. Murat und Zacharias stecken tuschelnd die Köpfe zusammen, bevor sie eine Wahl treffen.

Hanna, die in der ersten Reihe sitzt, schnappt auf, was sie flüstern. „Echt fies! Die wollen keine Mädchen wählen!"

Die Lehrerin hebt die Hände. „Erstens: Es ist erlaubt. Zweitens: Selbst schuld."

„Geht's dich was an?", schnauzt Zacharias Hanna an, bevor er auf Qadir zeigt. „Ich nehm dich."

Jana winkt nach kurzem Überlegen Stefanie zu sich.

„Wieso nimmst du nicht Dragan oder Anton?", fragt die Gewählte. „Die spielen besser als ich."

Jana schüttelt den Kopf und blickt Corinna herausfordernd an. Deren Miene hellt sich auf, als sie versteht, was Jana vorhat. „Ich nehme Naomi."

Murat wählt Ulli, Ilona landet bei Pia, Zacharias entscheidet sich für Dragan, Jana nimmt Hanna, Corinna holt Eleonore. Am Ende gibt es

neben Pias gemischtem Team zwei reine Jungen-
und zwei reine Mädchenmannschaften.

Ralf sitzt als Einziger noch auf seinem Platz.
Nun geht er ebenfalls nach vorn und baut sich
vor den anderen auf. „Leider müsst ihr wegen
meiner Verletzung auf den besten Spieler verzich-
ten. Aber dafür bekommt ihr einen 1a-Schieds-
richter. Damit das Turnier fair bleibt, wird jedes
Foul mit einer Geldstrafe belegt. Zehn Cent in
die Kasse."

„Wer hat sich das ausgedacht?", fragt Dragan
überrascht.

„Ich", antwortet Ralf.

„Du kannst das nicht alleine entscheiden", sagt Dragan.

„Dann lass uns abstimmen", sagt Ralf. Drohend hält er seinen Gipsarm hoch. „Wer ist dagegen?"

„Wenn du deinen Gips als Argument einsetzt, musst du wohl als erster Strafe zahlen, Ralf", mischt sich Besi lachend ein. „Allerdings gefällt mir deine Idee. Ein Bußgeld gegen zu harten Einsatz trägt vermutlich dazu bei, dass ein paar Fouls weniger begangen werden."

„Ich finde Bußgelder unfair", wendet Xaver ein, obwohl gerade er einer der Fairsten ist.

„Was soll an einem Bußgeld unfair sein?", fragt Corinna.

Xaver zögert. Nun blicken alle auf ihn. Er steht nicht gern im Mittelpunkt, doch da muss er jetzt durch. „Na ja, wer viel Taschengeld bekommt, kann sich Fouls leisten. Wer wenig Taschengeld bekommt, eben nicht."

Frau Besenbinder nickt. „Da ist was dran. Vielleicht fällt mir anstelle eines Strafsystems ein Bonussystem ein."

„Bonbonsystem?", fragt Leo verwundert.

„Was für ein hübsches Wort!", sagt Besi vergnügt, bevor sie Leo erklärt, was sie meint. „Bei einem Bonussystem wird man nicht bestraft, wenn man was falsch gemacht hat, sondern belohnt, wenn etwas richtig gemacht wurde."

Ralf nickt zustimmend. „Das find ich gut. Einverstanden."

„Gibt es beim Hallenfußball besondere Regeln?", fragt Frau Besenbinder.

„Wir spielen nach den Regeln aus dem Sportunterricht", meint Ralf. „Zweimal 15 Minuten pro Spiel."

„Zweimal 30!", ruft Murat. „Sonst fallen nicht genug Tore! Wir wollen Geld in die Kasse bringen!"

Ralf wiegt den Kopf. „Eine Stunde bei fünf gegen fünf – ich weiß nicht."

„Dafür haben wir ja das Testspiel!", wendet Ilona ein. „Wir probieren es mit zweimal 15 Minuten aus und sehen, wie es läuft."

„Zweimal 20", beharrt Murat.

„Dann eben zweimal 20", sagt Qadir. „Und nach der Generalprobe können wir bestimmen, wie viel Cent wir pro Treffer kassieren wollen."

„Wer übernimmt den Brief an die Eltern?", fragt die Lehrerin.

„Immer die, die fragt!", ruft Anton.

„Das hättest du wohl gern", antwortet Besi.

„Ich kann das machen", bietet Katharina an.

„Dann gehe ich zur Lukas und kümmere mich um die Halle fürs Testspiel", sagt Oskar.

„Frau Lukas, bitte", korrigiert Frau Besenbinder.

„Frau Lukas, Entschuldigung."

Während der großen Pause zeigen sich viele Kinder aus anderen Klassen neidisch. Ein Fußballturnier als Sponsorenaktion! Da hätte man selbst drauf kommen können. Dagegen sind Waffeln backen oder alte Klamotten verkaufen richtige Schnarchnummern.

5. Kapitel

Sponsorenbrief und Regelwerk

Am Nachmittag gehen Pia und Leo zu Katharina, um sie beim Elternbrief zu unterstützen. Zu dritt stecken sie vor dem Computerbildschirm die Köpfe zusammen.

Liebe Eltern,
für die Aktion „Die Mühlbergschule wird Ganztagsschule" führt unsere 3a ein Fußballturnier durch. Fünf Mannschaften mit je fünf Kindern spielen gegeneinander. Es finden 20 Spiele statt, die jeweils zweimal 15 Minuten dauern.

„Wir hatten uns heute Morgen auf 20 Minuten pro Halbzeit geeinigt", korrigiert Leo.

Katharina löscht die *15* und tippt *20* ein. Pia liest weiter:

Für jedes Tor bitten wir um eine Spende. Bei einem Mindesteinsatz von nur einem Cent pro Tor kostet der ganze Spaß selbst bei 100 Toren nur einen Euro!

Wer mehr als einen Cent spenden möchte, darf das gerne tun!

Mit lieben Grüßen von Besi und allen 26 Kindern der 3a.

„Ich finde das okay so", sagt Leo.

„Soll unten noch so ein Abschnitt dran?", fragt Pia. „Mit Namen, Adresse, Spendenbetrag pro Tor. Zum Abschneiden und Abgeben."

„Stimmt!", sagt Leo. „Mit gestrichelter Linie für die Unterschrift des Spenders. Damit wir am Ende die Kohle auch bekommen."

„Okay, das mach ich nachher fertig. Fehlt sonst noch etwas?"

„Wir können Besi in dem Brief nicht einfach Besi nennen", sagt Pia.

„Vermutlich hast du recht." Katharina löscht den Spitznamen und schreibt stattdessen *Frau Besenbinder.*

„Wir könnten die wichtigsten Sachen fett oder farbig hervorheben", schlägt Leo vor.

„Zum Beispiel?", fragt Katharina.

Leo überfliegt den Text noch einmal und nennt die Stellen, die ihm wichtig erscheinen: „Mühlbergschule, Ganztagsschule, Fußballturnier, 20

Spiele, Spende, Mindesteinsatz von nur einem Cent, mehr und gerne."

Katharina macht die genannten Wörter mit routinierten Mausklicks fett. Sie lehnt sich zurück. „So sieht es ganz gut aus."

„Jetzt fehlen noch die Zeiten, wann die Spiele stattfinden", sagt Pia. „Damit die Leute zum Zuschauen kommen."

„Sollen wir echt Zuschauer einladen?", fragt Leo.

„Klar", sagt Pia. „Je mehr Zuschauer, desto besser. Jana hat erzählt, dass das Pokalspiel, bei dem sie Auflaufkind war, fast 20 000 Leute ins Stadion gelockt hat. Das muss echt irre gewesen sein! Ich bekomme eine Gänsehaut, wenn ich an so was denke." Sie schiebt den Ärmel ihres Pullis zurück. Auf ihrem Unterarm stehen die feinen Härchen zu Berge.

„Wie sollen 20 000 Zuschauer in die Halle passen?", fragt Katharina.

Pia lacht. „War doch nur ein Beispiel!"

„Ich ruf Oskar an. Vielleicht hat er wegen der Zeiten schon was mit der Lukas ausgemacht", sagt Leo.

„Frau Lukas!", korrigieren ihn die Mädchen kichernd.

Leo zückt das Handy, das er heute dabeihat, weil seine Mama nicht wusste, wann sie zu Hause sein wird. „Wie sieht's aus, Mann?", fragt er ins Telefon. „Ich. – Ich, Leo. – Ja." Offenbar hat Oskar Leos Stimme nicht erkannt. „Wir schreiben gerade den Brief an die Eltern. Warst du schon bei der Lukas?"

„Frau Lukas!", rufen die Mädchen.

„Ja? – Echt? – Super! Bis morgen." Leo drückt das Gespräch weg. „Ab Montag reserviert uns Frau Lukas jeden Tag ein Drittel der Sporthalle von 13:00 Uhr bis 14:00 Uhr. Sie bleibt sogar dabei, weil wir ja eine Aufsicht brauchen. Das Probespiel können wir morgen machen."

„Die Frau ist spitze. Ich vermisse Putzig von Tag zu Tag weniger", sagt Katharina.

Die drei setzen die Telefonkette in Gang, damit morgen alle ihr Sportzeug mitbringen.

Am nächsten Vormittag darf Corinna zu Beginn der ersten Stunde Glücksfee spielen und zwei Teams auslosen.

Oskar bereitet fünf Zettel vor, faltet sie zusammen und wirft sie in den Räuberhut aus der Kiste mit den Theaterklamotten. „Augen zu!"

Corinna rührt eine halbe Ewigkeit im Hut herum.

„Mach schon!" – „Es reicht!" – „Übertreib nicht immer alles!", rufen die anderen Kinder.

Endlich zieht sie einen Zettel, öffnet die Augen und faltet ihn feierlich auf. „Die erste Mannschaft für das Probespiel ist …", sie legt eine Pause ein, „… Murats Mannschaft!"
Während sich Murat, Ulli, Anton, Xaver und Benno gegenseitig abklatschen, zieht sie nach erneutem Umrühren den zweiten Zettel. „Der Gegner von Murats Mannschaft ist: Ups …", sie lächelt verlegen in die Klasse und zuckt mit den Schultern, „… meine Mannschaft."

Naomi, Eleonore, Yvonne und Katharina brechen mit ihr in Jubel aus. Ein paar Buhrufe sind zu hören. Einige werfen der Glücksfee vor, gemogelt zu haben.

„Corinna hatte die Augen fest geschlossen", nimmt Frau Besenbinder sie in Schutz. „Und jetzt wird das Thema Fußball bis auf 13:00 Uhr vertagt. Wir sollten wieder mal ernsthaft arbeiten."

Natürlich dreht sich an diesem Vormittag trotzdem alles um Fußball. Vor dem Spiel verteilt Ralf ein Merkblatt mit den wichtigsten Regeln.

- *Spieldauer: 2 x 20 Minuten*
- *In der Halbzeitpause (5 Minuten) werden die Seiten gewechselt.*
- *Spielfeld: ein Hallendrittel (ca. 20 Meter x 13 Meter)*
- *Tore: je ein kleiner Kasten; Entfernung zur Wand: 1 Meter*
- *Der Ball darf gegen die Wände gespielt werden, kann also nicht ins Aus gehen.*
- *Gespielt wird ohne Torwart.*
- *Kein Spieler darf den Ball mit der Hand berühren.*
- *Strafstöße werden aus einer Entfernung von 15 Metern auf das leere Tor ausgeführt.*
- *Spielunterbrechungen (Verletzungen usw.) werden nachgespielt.*

„Wer ist am Ende Sieger?", fragt Frederike den Schiedsrichter.

„Die Mannschaft mit den meisten Punkten", antwortet Ralf. „Ein Sieg bringt drei Punkte, ein Unentschieden einen Punkt, Verlierer gehen leer aus."

„Hoffentlich musst du niemals nachspielen lassen", sagt Frau Besenbinder in Bezug auf die erwähnten Verletzungspausen. „Allerdings scheinst du wirklich an alles gedacht zu haben", lobt sie Ralf.

Um Punkt eins schaut er ungefähr zum zehnten Mal auf seine Uhr. „Wo bleibt nur die Lu... – Frau Lukas?" Er ist mindestens ebenso aufgeregt wie die zehn Jungen und Mädchen auf dem Spielfeld.

Keiner weiß, wo die Hausmeisterin steckt. Und die Kästen sind im Geräteraum eingeschlossen.

Murat, Ulli, Anton, Xaver und Benno laufen sich in der einen Spielfeldhälfte warm. Corinna, Naomi, Eleonore, Katharina und Yvonne machen in der anderen Hälfte Dehnübungen.

Die übrigen Kinder der 3a hocken auf der Tribüne hinter dem Tor der Jungen. Sie bringen sich während der Wartezeit mit Anfeuerungsrufen in Stimmung.

„Einer geht noch, einer geht noch rein!", singt Wolfram, obwohl das Spiel noch nicht einmal läuft.

Jana singt zur Melodie des bekannten Weihnachtsliedes: „Kling, Kasse, klingelingeling, kling, Kasse, kling." Sie hofft, die anwesenden Eltern zu höheren Spendenbeiträgen zu motivieren.

Immerhin sind drei Mütter, ein Vater und etwa 20 Kinder aus anderen Klassen in der Halle. Eine tolle Kulisse für so ein bedeutungsloses Testspiel.

Endlich kommt die Hausmeisterin im Laufschritt in die Halle. „Tut mir leid, Kinder, ich wurde aufgehalten. Es geht sofort los!" Klimpernd fischt sie im Knäuel der Plüschtiere nach dem richtigen Schlüssel für den Geräteraum. Zwei Minuten später stehen die Tore an Ort und Stelle. Schließlich eilt Frau Lukas in die gläserne Kabine und lässt die Trennwand herunter. Um 13:10 Uhr pfeift Ralf das Spiel an.

Selbstbewusst starten die Jungen den ersten Sturmlauf. Xaver bleibt in der eigenen Hälfte, um eventuelle Konter der Mädchen abzufangen. Schon nach wenigen Minuten zeigt sich, wie schwer es ist, in die kleinen Kästen zu treffen. Technisch sind die Jungen besser, aber die Mädchen laufen ohne Ende und geben nicht klein bei. Immer wieder stehen sie zu dritt oder gar zu viert vor ihrem Minitor und bringen die Jungs mit ihrer vielbeinigen Abwehr zur Verzweiflung. Und kaum haben die Mädchen den Ball erobert, flitzen sie wie an einer Schnur gezogen nach vorn und bringen die Jungen in Bedrängnis.

15 Minuten geht es torlos hin und her. Immer wieder knallt ein Schuss gegen den Pfosten und Ralf muss das Spiel unterbrechen, um den verschobenen Kasten wieder zurechtzurücken. Ansonsten hat er als Schiedsrichter wenig zu tun. Da beide Mannschaften sehr fair spielen, muss er kaum eingreifen.

Kurz vor Ende der ersten Halbzeit erzielen die Mädchen endlich das 1:0, das hauptsächlich vom weiblichen Publikum bejubelt wird. Während der Pause streiten sich die Jungs, wie sie das Spiel herumreißen können. Die Mädchen versammeln sich gut gelaunt vor ihrem Tor und lassen sich von Frau Lukas Tipps für die zweite Hälfte geben. Die Zuschauer auf der Tribüne diskutieren, wie man die Regeln verändern könnte, damit mehr Tore fallen.

Wolfram schüttelt entmutigt den Kopf. „Selbst wenn wir 500 Sponsoren zusammenkriegen – bei

so mageren Spielergebnissen kommt kaum was zusammen."

„Dann müssen wir eben länger spielen", schlägt
Ilona vor.

„Geht nicht", sagt Oskar. „Podolski kann uns
die Halle nur bis 14:00 Uhr reservieren."

„Wer ist Podolski?", fragt Frederike.

„Er meint Frau Lukas", erklärt Jana.

„Hä? Versteh ich nicht", sagt Frederike. „Wieso
nennt er sie Podolski?"

„Du kuckst wohl nie Fußball", stellt Qadir fest und ergänzt dann: „Lukas Podolski hat schon mit 19 Jahren in der deutschen Nationalelf gespielt!"

Frederike zuckt mit den Schultern.

„Und da hat er ungefähr in jedem zweiten Spiel ein Tor gemacht."

Frederike schiebt die Stirn in Falten. „Ist das gut oder schlecht?" Bevor Qadir darauf antworten kann, fragt sie schon weiter: „Und weshalb nennt Oskar die Hausmeisterin Podolski?"

„Ich erkläre es dir", sagt Jana und nimmt Frederike zur Seite.

Ralf signalisiert mit einem energischen Pfiff, dass es weitergeht. Pünktlich um 13:35 Uhr pfeift er die zweite Hälfte an. Bald erhöhen die Mädchen auf 2:0, aber die Jungen stemmen sich mit aller Kraft gegen eine Niederlage. Sie bieten eine starke kämpferische Leistung und gleichen aus. Fünf Minuten vor Schluss wehrt Benno einen Ball mit der Hand ab. Ralf pfeift Strafstoß.

„Das war angeschossen, Mann!"

Ralf lässt sich auf keine Diskussion ein. „Deine Hand ging zum Ball", sagt er.

15 Meter vom Tor der Jungen entfernt legt sich Corinna den Ball zurecht. Das kleine Rechteck des Kastens ist zwar leer, aber fürchterlich weit weg!

Mit weichen Knien nimmt Corinna Anlauf und schiebt den Ball behutsam mit dem Innenrist Richtung Tor. Zu vorsichtig? Der Ball rollt wie in Zeitlupe auf das Kästchen zu.

Aber er hält die Richtung. Wird der Schwung von Corinnas Schüsschen reichen, um die zwei Zentimeter hohe Unterkante des Kastenteils zu überwinden? Alle halten den Atem an. Noch zwei Meter, noch einer, ein halber – der Ball springt hoppelnd über die Kante und kullert ins Tor. Die Mädchen reißen die Arme hoch. „Tooor!"

Nun kennen die Jungen nur noch eine Richtung. Sie drängen die Mädchen in die Defensive. Murats Mannschaft setzt alles daran, das Blatt noch einmal zu wenden. Aber die Mädchen zeigen Siegeswillen. Die Schlussminute läuft.

Das Publikum blickt zum Sekundenzeiger der großen Hallenuhr. „Fünf, vier, drei, zwei, eins!", zählen die Zuschauer die letzten Sekunden herunter. Ralf pfeift pünktlich ab.

Die Mädchenmannschaft hat gegen ein Jungenteam gewonnen!

6. Kapitel

Rechenspiele

Am Morgen nach dem Testspiel überschlägt Wolfram, mit welchem Betrag sie bei fünf Toren pro Spiel rechnen können. „Wenn wir 100 Sponsoren finden, die einen Cent pro Tor bezahlen, kriegen wir bei 20 Spielen 100 Euro für die Schule zusammen."

„So wenig?", sagt Vicky enttäuscht.

„Dann müssen wir mehr Tore schießen!", ruft Ulli.

„Wie denn, wenn immer vier, fünf Leute vor der Kiste rumstehen?", sagt Anton genervt. Er ist immer noch sauer, weil er gegen die Mädchen verloren hat.

„Wieso verlangen wir nicht einfach zwei Cent pro Tor?", fragt Benno. „Wie viel kommt dann zusammen, Wolfram?"

„Diese Frage meinst du nicht ernst, oder?", wendet sich Frau Besenbinder an Benno.

Er reagiert überrascht. „Wieso nicht?"

„Kommst du mal an die Tafel?", fragt Besi.

„Warum?"

„Weil ich dich darum bitte."

Benno wälzt sich vom Stuhl und schlurft nach vorn.

Frau Besenbinder drückt ihm ein Stück Kreide in die Hand. „Schreib mal in einer Zeile auf: 1 Cent, 20 Spiele, 5 Tore, 100 Sponsoren, 100 Euro." Nachdem Benno die Zeile fertig hat, fährt sie fort: „Und jetzt schreibst du genau darunter: 2 Cent, 20 Spiele, 5 Tore, 100 Sponsoren …"

Schon nachdem er *2 Cent* geschrieben hat, spart sich Benno den Rest der zweiten Zeile und schreibt ganz rechts unter die *100* eine *200*. „Ach so!" Mit schrägem Lächeln gibt er Frau Besenbinder die Kreide zurück.

„Vergesst vor lauter Fußball bitte nicht das Denken, Kinder. Diese Aufgabe war nun wirklich nicht so schwer. Wie viel Euro bekommen wir bei 3 Cent pro Tor, 8 Toren pro Spiel und 50 Sponsoren?"

Fast alle Kinder schnappen sich Papier und Stift und rechnen fieberhaft, wie viel Geld bei dieser Zahlenkombination zusammenkäme. Nur Wolfram bleibt mit verschränkten Armen sitzen, weil er das Ergebnis von 240 Euro längst im Kopf errechnet hat.

„Na, was habt ihr raus?", fragt Besi nach einer Weile. Sie zeigt sich erleichtert, als Benno sich meldet und das richtige Ergebnis nennt. „Wie schön, dass du das trotz akuten Fußballfiebers nicht verlernt hast!"

„Ich muss noch eine Regeländerung bekannt geben", meldet sich Ralf. „Wir können nur zweimal 15 Minuten spielen. Und für eine Pause beim Seitenwechsel bleibt auch keine Zeit."

„Wenn wir mehr Geld in die Kasse bringen wollen", meint Zacharias ironisch, „macht eine kürzere Spielzeit echt Sinn."

„Es geht nicht anders", kommt Oskar Ralf zu Hilfe. „Podolski meint, wir kriegen sonst die Spiele nicht unter."

„Darf ich fragen, wer Podolski ist?", hakt Frau Besenbinder nach.

„Ähm, Frau Lukas, meine ich natürlich", sagt Oskar. „Wegen Lukas …"

„Lukas Podolski", fällt ihm Besi ins Wort. „Danke, so viel verstehe ich von Fußball. Ihr immer mit euren Spitznamen."

„Frau Lukas kann uns die Halle zwei Wochen lang jeweils nur von 12:50 Uhr bis 14:00 Uhr freihalten. Wir müssen also täglich zwei Spiele mit je 30 Minuten durchführen."

„Das ist unser Spielplan." Wolfram hält ein Blatt Papier hoch. „Am Montag geht's los. Darf ich den ans Schwarze Brett hängen?"

„Aber natürlich", sagt Frau Besenbinder. „Dann kann sich jeder selbst auf dem Laufenden halten."

Ilona meldet sich. „Haben Sie sich inzwischen etwas wegen der Fouls ausgedacht, Frau Besenbinder?"

„Genau!", ruft Murat. „Das Bonbonsystem! Was bekommen wir pro Foul?"

Frau Besenbinder lacht. „Blaue Flecken?"

Murat verdreht die Augen. „Sie wollten sich doch eine Belohnung für Fouls ausdenken."

Die Lehrerin wiegt den Kopf. „Ich meinte ja eigentlich eine Belohnung für nicht begangene Fouls!"

„Wie soll das funktionieren?", fragt Anton.

Die Lehrerin holt einen 50-Euro-Schein aus ihrem Geldbeutel und hält ihn in die Luft. „Das ist mein Wetteinsatz."

„Wow!" – „50 Euro?" – „Boah!" – „Ein ganzer Fuffi!"

„Für jedes Foul werden 25 Cent abgezogen", sagt Besi.

„Dann ist das Geld ja schon bei zehn Fouls pro Spiel weg!", meint Wolfram enttäuscht.

„Echt?", sagt Qadir. „Müssen wir draufzahlen, wenn es mehr als zehn Fouls pro Spiel gibt?"

„Das können wir noch vereinbaren", antwortet Besi.

„Das ist unfair!", sagt Zacharias.

„Nur weil du selber immer foulst!", ruft Tina.

„Pass auf, was du sagst."

„Regt euch ab", geht Oskar dazwischen. „Unfair ist ja nicht, wenn für Fouls etwas abgezogen wird – unfair sind die Fouls selbst."

„Aber 25 Cent sind viel zu viel", protestiert Ilona. „Können wir uns nicht auf zehn Cent einigen, Frau Besenbinder?"

„Das ist viel zu billig." Die Lehrerin verschränkt abwehrend die Arme vor der Brust. „Ich komme euch auf 20 Cent entgegen."

„15", verhandelt Ilona weiter.

Besi zögert einen Moment, beharrt aber auf 20 Cent. „Mein letztes Wort. Wie viele Fouls sind das?"

Wolfram kritzelt die Zahlen auf ein Blatt Papier. „Bei 250 Fouls sind wir auf Null. Das macht zwölfeinhalb Fouls pro Spiel, Leute."

„Halbe Fouls?", fragt Xaver. „Gibt's doch gar nicht."

„Ist doch nur im Durchschnitt", sagt Eleonore. Sie wendet sich an alle: „Fairplay ist angesagt. Dann bleibt auch ordentlich was übrig."

„Okay", sagt Ilona. „Wer ist dafür?"

Eine deutliche Mehrheit hebt die Hand.

„Die Wette gilt!" Frau Besenbinder hält den Schein hoch. „Ihr habt es in der Hand, wie viel davon gespendet wird." Sie wendet sich an Leo, den Hüter der Klassenkasse. „Führst du bitte eine Strichliste und hilfst unserem Schiri beim Zählen der Fouls?"

„Ja klar, mach ich", antwortet Leo.

„Leo könnte ja den einen oder andern Strich vergessen", flüstert Ulli seinem Nebenmann zu.

„Spinnst wohl", sagt Ralf.

„Dass Leo das könnte, steht außer Frage", sagt Besi, die mit ihren Luchsohren wieder einmal alles gehört hat. „Aber ich bin fest davon überzeugt, dass er und meine geliebte 3a auch mir gegenüber fair sein werden."

Fast alle Kinder nicken.

„War doch nur ein Scherz!", sagt Ulli gedehnt.

7. Kapitel

Der erste Spieltag

Am ersten Turniertag hat es Besi noch schwerer als sonst, einen geregelten Unterricht durchzuführen. Schon während des Begrüßungskreises zu Beginn der ersten Stunde dreht sich wieder alles um Fußball. Die Kinder haben übers Wochenende Sponsoren für noch zu schießende Tore gesammelt. Oskar und Ilona, die Klassensprecher, nehmen die von Eltern, Onkeln, Tanten, Verwandten und Freunden ausgefüllten Zettel entgegen.

Ein paar Kinder haben sich sogar von Nachbarn Spendenbeträge zusichern lassen. Natürlich haben auch einige ihre Zettel zu Hause vergessen oder noch keine Sponsoren gefunden. In der ersten Pause errechnet Wolfram das Zwischenergebnis.

„21 von uns haben ihre Zettel schon mitgebracht. Wir haben 53 Sponsoren. Im Augenblick macht das pro Tor 4,73 Euro.“ Er wirft einen Blick auf die Klassenliste, auf der er abgehakt hat, wer die Sponsorenzettel schon abgeliefert hat. „Es fehlen noch Murat, Pia, Yvonne, Gerit und Zacharias."

„Ich sehe Papa erst am nächsten Wochenende. Aber am Telefon hat er zehn Cent pro Tor versprochen!", sagt Yvonne.

Murat und Gerit haben einfach verschwitzt, Leute anzusprechen.

Pias Zettel liegen zu Hause auf ihrem Schreibtisch. „Ich hab zwölf Sponsoren, von denen ich insgesamt 17 Cent pro Tor bekomme. Ich bring die Zettel morgen mit."

Nun blicken alle auf Zacharias. „Was ist?", fragt er. „Kann ich auch mal was vergessen?"

„Klar", antwortet Wolfram. „Null Problem. Kannst du uns trotzdem sagen, wie viel Cent pro Tor du gesammelt hast? Wenigstens ungefähr?"

Zacharias zuckt mit den Schultern. „50 Cent", sagt er leise in Richtung Tischplatte.

„Super!", sagt Wolfram. „Dann haben wir jetzt schon 5,50 Euro pro Tor. Und es kommt noch was dazu!"

„50 Cent?", flüstert Vicky gerade so laut, dass man es noch hören kann. „Ich denke, sein Papa kann auch einen Euro pro Tor zahlen?"

Niemand reagiert darauf. Zacharias starrt schweigend auf seine Sachen. Das vorläufige Ergebnis finden trotzdem alle total klasse. Wenn in den 20 Spielen tatsächlich jeweils fünf Tore fallen, kommt ein ordentliches Sümmchen zusammen.

Nach der letzten Unterrichtsstunde kann das erste Spiel des 3a-Fußball-Sponsoren-Cups, wie Wolfram das Turnier im Aushang am Schwarzen Brett genannt hat, endlich gestartet werden. Sogar Herr Dieckmann sitzt auf der Tribüne. Den Auftakt bestreiten die gemischte Mannschaft von Pia und das Jungenteam von Murat. Ralf wirft für die Seitenwahl eine Münze hoch. Murat gewinnt und will zunächst Richtung Tribüne spielen. Pias Mannschaft hat Anstoß.

Um Punkt 12:50 Uhr erfolgt der erste Pfiff. Pia stößt an, spielt auf Tina, der Ball rollt zu Leo, der passt in die Mitte zu Oskar. Der zieht ab: Wumms, daneben! Vom ersten Moment an werden beide Teams angefeuert – die Sympathien scheinen gleich verteilt zu sein. Egal, wer in Ballbesitz ist, es herrscht ein Heidenlärm.

Technisch gesehen bieten beide Mannschaften eine starke Vorstellung. Aber wer wird taktisch die bessere Leistung zeigen? Tina ist in Sachen Ballbeherrschung und Tricks eine der Stärksten auf dem Feld und übernimmt die Führungsrolle in Pias Mannschaft. Bei den Jungen ist Murat der Ideengeber.

Das Spiel wogt hin und her. Pia knallt den Ball gegen den Pfosten. Ein Raunen geht durchs Publikum. Ralf muss unterbrechen, um das kleine Tor wieder zurechtzurücken. Kurz darauf grätscht Oskar auf der anderen Seite den Ball im letzten Moment von der Linie. Wieder kein Tor. Dabei sind die Tore das Salz in der Suppe. Ohne Tore bleibt die Kasse leer.

Auf Initiative von Dragan, der seinen großen Bruder häufig ins Stadion begleitet, fangen die Zuschauer an, rhythmisch zu klatschen und zu singen: „Wir wol-len To-re sehn, wir wollen Tore sehn, wir wollen viele Tore sehn! – Wir wol-len To-re sehn, wir wollen Tore sehn, wir wollen viele Tore sehn!" Immer und immer wieder.

Endlich schließt Tina ein traumhaftes Solo, bei dem sie alle Gegner umkurvt, mit dem 1:0 ab. Noch während sich die Kinder ihrer Mannschaft in den Armen liegen, pfeift Ralf die erste Halbzeit ab.

Ein mageres Törchen in 15 Minuten! Eine rekordverdächtige Spendensumme kommt auf diese Weise nicht zustande.

Ralf hastet auf die Tribüne, um sich mit einem Schluck aus der Wasserflasche frisch zu machen. „Die kriegen das Ding einfach nicht rein", sagt er kopfschüttelnd.

„Wenigstens gab es kaum Fouls", sagt Zacharias. „Dann kann uns Besi nicht so viel von ihrem Fünfziger abziehen."

„Vielleicht solltet ihr größere Tore nehmen", mischt sich Frau Lukas ein. Die Hausmeisterin hat ihre Mittagspause geopfert und verfolgt das Spiel von der Tribüne aus. „Ihr könnt für die nächsten Spiele die Mittelteile vom größeren Sprungkasten nehmen. Dann fallen garantiert mehr Tore."

„Sollen wir das schon zur zweiten Halbzeit machen?", fragt Ralf die anderen.

„Ach was, mit den kleinen Kästen fallen bestimmt auch noch Tore", bremst Zacharias. „Ich würde so weiterspielen."

Da sich sonst keiner dazu äußert, lässt Ralf das Thema fallen und kehrt aufs Spielfeld zurück. Die zweite Hälfte verläuft fast genauso wie die erste. Bei zwei ebenbürtigen Mannschaften muss man eben mit einem knappen Ergebnis rechnen. Gegen Ende drängen die Jungen allerdings mit aller Macht auf den Ausgleich. Pia, Leo, Ilona, Oskar und Tina kommen kaum noch aus ihrer Hälfte. Mit Anbruch der letzten Spielminute legt sich Pia quer vor das Tor.

„He, das ist unfair!", schimpft Anton.

„Das Tor blockieren gilt nicht!", ruft Benno.

„Schiri, mach was!", fordert Murat.

Ralf hebt hilflos die Schultern. Was soll er machen? Ulli versucht es mit einem harten Schuss. Pia zuckt zwar zusammen, lässt sich jedoch nicht vertreiben.

„Sag mal, geht's noch?", schnauzt Leo Ulli wegen dieses Hammerschusses an.

Das hält Ulli nicht davon ab, noch einmal voll draufzuhalten. Bei seinem zweiten Versuch, Pia aus dem Tor zu ballern, prallt der Ball von der Oberkante des Kastens in die Spielhälfte der Jun-

genmannschaft und rollt fast ins Tor. Wertvolle Sekunden verstreichen. Ein letzter Angriff. Pia fängt noch einen Schuss mit ihrem Körper ab. Schlusspfiff. 0 : 1. Ende.

„Musst du so draufballern?", schimpft Leo weiter mit Ulli.

„Klar! Wenn sich deine Freundin so unfair vors Tor legt", motzt Ulli zurück.

„Ist ja nicht verboten, oder?", erwidert Pia trotzig und reibt sich die Stellen, an der sie Ullis Schüsse abbekommen hat.

„Neue Regel, Leute!", verkündet Ralf mit der Autorität des Schiedsrichters. „Sich vor das Tor legen gilt ab sofort nicht mehr! Hat das jeder gehört?"

„Dann muss unser Spiel wiederholt werden", fordert Murat.

„Ja, genau", stimmt Anton ihm zu.

Frau Lukas stellt sich an die Brüstung der Tribüne und lässt auf zwei Fingern einen Pfiff durch die Halle schrillen. „Gebt mal einen Moment Ruhe, Kinder! Ich mach euch einen Vorschlag."

Die Kinder sehen sie erwartungsvoll an.

„Neben Ralfs Regeländerung, dass man sich nicht mehr vors Tor legen darf, hätte ich noch folgende weitere: Erstens, wir benutzen größere Kastenteile als Tore. Zweitens, Tore dürfen auch von hinten geschossen werden. Drittens, ich markiere mit Klebeband einen 2 x 2 Meter großen Torraum, in dem man sich nicht länger als drei Sekunden aufhalten darf."

„Wie soll man denn da noch verteidigen?", fragt Anton.

Ralf verdreht die Augen. „Du kapierst wieder mal gar nichts. Es geht nicht darum, 0 : 0 zu spielen. Wir wollen Tore! Wir wollen Geld in die Kasse bekommen, Mann!"

„Kling, Kasse, klingelingeling", stimmt Jana erneut an. Sofort singt die halbe Klasse mit.

„Natürlich darf man zum Verteidigen durch die Zone laufen", fährt die Hausmeisterin fort, als es wieder ruhiger ist. „Nur darin rumstehen nicht."

„Das soll etwas bringen?", fragt Katharina.

Frau Lukas nickt. „Jede Menge Tore, die Geld in eure Kasse spülen. Und auch jede Menge Spaß bei eurem Turnier."

„Wir können nicht einfach die Regeln ändern", wendet Zacharias ein. „Wenn doppelt so viele Tore fallen wie im Testspiel, sind die Sponsoren sauer. Schließlich gehen alle von fünf Toren pro Spiel aus."

„Was ist jetzt kaputt?", fragt Oskar. „Ich denke, dein Papa zahlt das mit links!"

Zacharias funkelt ihn finster an, sagt aber nichts mehr.

„Leute, wir müssen weitermachen!", ruft Ralf. Er fühlt sich als Schiedsrichter für den reibungslosen Ablauf des Turniers verantwortlich. „Wer findet den Vorschlag von Poldi – ähh, von Frau Lukas gut?"

„Poldi ist okay für mich. Wenn's euch gefällt", sagt die Hausmeisterin schmunzelnd, während fast alle die Hand heben. „Die neuen Regeln sind also angenommen. Jetzt aber dalli! Während wir das Spielfeld umbauen, können sich die nächsten Mannschaften warm machen."

Eilig werden die kleinen Kästen vom Platz getragen und durch zwei Mittelteile der großen Sprungkästen ersetzt. Frau Lukas markiert mit breitem Klebeband die Torräume. Eine Minute vor halb zwei stehen Corinnas und Zacharias' Mannschaften bereit. Ralf hebt die Pfeife zum Mund.

„He, Ralf!", ruft Ulli von der Tribüne. „Bevor es losgeht: Gilt ein Tor auch, wenn der Ball über die Wand gespielt wird? So wie beim Billard über die Bande?"

Hilfe suchend blickt Ralf zu Poldi. Sie nickt und hält beide Daumen hoch.

„Klar!", ruft Ralf zu Ulli hinauf. Er wendet sich an die Teams auf dem Feld. „Alle fertig?"

Die Kinder sind bereit. Der Sekundenzeiger tickt auf die Zwölf. Punkt 13:30 Uhr pfeift Ralf das zweite Spiel an.

8. Kapitel

Ball und Rubel rollen

„We are the Champions!", singt Qadir, als er am nächsten Morgen ins Klassenzimmer kommt. Dragan, Wolfram und Gerit sind schon da und stimmen mit ein. 6 : 4 haben sie ihr Spiel am Vortag gewonnen. „Wir spielen um den Meistertitel!", jubelt Qadir und klatscht seine Mitspieler ab. Zacharias macht als Einziger nicht mit. „Was ist los, Alter? Laus auf der Leber?"

„Lass mich in Ruhe", knurrt Zacharias missmutig.

„Euer Kapitän weiß eben, dass eure Tabellenführung von kurzer Dauer sein wird", lästert Tina. „Wenn wir im Wiederholungsspiel auf größere Tore kicken, klingelt es beim Gegner im Minutentakt!"

Zacharias schaut Tina nur finster an.

„Wer hat noch fehlende Zettel dabei?", fragt Wolfram in die Klasse.

Murat klatscht sich auf die Stirn und verzieht entschuldigend das Gesicht, Pia hält ein ganzes

Päckchen mit nun 16 Zetteln hoch. Alles kleine Beträge, insgesamt kommen jedoch 22 Cent pro Tor zusammen.

„Ich brauche immer noch Papas Unterschrift", sagt Yvonne. „Und unsere Nachbarin weiß noch nicht so recht. Aber 20 Cent werden es bei mir bestimmt."

„Bei mir sind's nur drei Zettel", sagt Gerit.

„Aber die haben's in sich", sagt Wolfram, nachdem er sich die Beträge von Gerits Sponsoren angeschaut hat. „Da sind insgesamt 35 Cent drauf! Damit stehen wir einschließlich der von Zacharias angekündigten 50 Cent bei glatten sechs Euro."

Zacharias bückt sich quälend langsam nach seiner Schultasche und holt seinen Sponsorenzettel heraus. „Da."

„Wow!", sagt Wolfram. „Alle mal herhören! Applaus, Leute! Von Zacharias kommt ein voller Euro!" Er betrachtet das Formular. „Was hat dein Vater bloß für 'ne Sauklaue?", wendet er sich an Zacharias. „Hast du die Unterschrift selber gemacht?"

„Kannst du das Ding nicht einfach zu den andern packen?", giftet Zacharias.

„Jetzt sind es 6,50 Euro!", verkündet Wolfram und löst Jubel aus, mit dem Frau Besenbinder ins Zimmer tritt.

„Euch scheint's gut zu gehen", sagt sie. „Lasst mich raten: Es hängt mit dem Turnier zusammen. Wie steht's nach dem ersten Spieltag?" Am Vortag konnte sie wegen einer Konferenz leider nicht dabei sein. Sie tritt an die Pinnwand, um sich die Ergebnisse anzusehen. „Holla, nur drei Fouls", meint sie überrascht. „Habt ihr tatsächlich so fair gespielt oder doch nicht alle Fouls aufgeschrieben?"

„Fair gespielt natürlich!", ruft Ilona.

„Im ersten Spiel waren es ein paar Fouls mehr", ergänzt Ralf. „Aber das müssen wir wiederholen."

„Ach – weshalb denn?"

Nachdem die Kinder sie auf den neuesten Stand gebracht haben, fragt Besi, ob nun wirklich mit mehr Toren zu rechnen ist.

„Im ersten Spiel auf die größeren Tore waren es immerhin zehn", sagt Ulli.

„Der Fairness halber solltet ihr eure Sponsoren informieren."

„Sag ich doch!", ruft Zacharias dazwischen.

„Wieso?" Ulli steht auf der Leitung.

„Wenn plötzlich zehn statt der geschätzten fünf Tore fallen …“, fährt Frau Besenbinder fort.

„… kommt doppelt so viel Kohle in die Kasse!“, ruft Dragan.

Die Lehrerin lacht. „Deine Rechenkünste machen Fortschritte! Trotzdem müssen wir die Spender über die neuen Regeln informieren.“

„Und wenn dann alle zurückziehen?“, fragt Vicky.

„Das glaube ich nicht“, sagt Frau Besenbinder. „Sie werden höchstens den Betrag pro Tor reduzieren.“

„Wie wär's mit einer Obergrenze?“, schlägt Oskar vor. „Ab Tor Nummer 150 kostet es keinen Cent mehr?“

„Hübsche Idee“, sagt Frau Besenbinder anerkennend.

„Die Leute rechnen aber nur mit fünf Toren pro Spiel“, wendet Zacharias ein. „Bei 20 Spielen müsste die Obergrenze 100 sein.“

Viele wundern sich darüber, dass ausgerechnet er die Geldbremse ziehen will. Doch ehe jemand etwas sagen kann, schlägt Corinna als Kompromiss eine Obergrenze von 125 Toren vor. Damit sind alle einverstanden.

Katharinas Idee geht noch ein Stück weiter: „Ich schreibe einen neuen Rundbrief und teile allen mit, dass die Obergrenze von 125 Toren freiwillig ist. Wer möchte, kann auch beim 175. Tor noch was bezahlen."

Ihr Vorschlag wird unter großem Jubel angenommen.

„Ey, was ist, Mann?", fragt Dragan Zacharias, der teilnahmslos an seinem Platz hockt. „Das ist doch gut!"

„Ach ja?"

Dragan macht den Scheibenwischer.

Als Ralf um 13:20 Uhr das erste Spiel unter neuen Regeln abpfeift, zweifelt niemand mehr daran, dass die Sponsoren informiert werden müssen. Zwischen den Teams von Zacharias und Murat steht es am Ende 5:5.

Fouls hat es erneut nur drei gegeben. Aber nicht ein einziges von Zacharias, der sonst immer sehr zur Sache geht. Auch mit seinem Laufpensum hat Zacharias viele zum Staunen gebracht. Er ist kein schlechter Fußballspieler, aber meistens beschränkt er sich auf das Herumdirigieren seiner Mitspieler. Wenn er den Ball nicht direkt auf den

Fuß bekommt, mault er rum. Heute dagegen hat er durch unermüdlichen Einsatz bestimmt ein halbes Dutzend Bälle von der Linie gekratzt. Ohne seine Abwehrleistung hätte sein Team das Feld mit Sicherheit als Verlierer verlassen.

Deshalb kapiert auch keiner, weshalb er gleich nach dem Spiel seine Sachen in den Sportbeutel stopft und wortlos verschwindet. Noch vor Beginn der zweiten Partie!

In der lässt Pias Team dann keinerlei Zweifel daran, dass es um den Turniersieg mitspielt. Tina führt mit fünf Treffern die Torschützenliste an. Janas Mannschaft hat beim souverän herausgespielten 7:2 keine Chance.

Wolfram reibt sich die Hände. „Diese Obergrenze von 125 Toren schaffen wir locker! Das heißt, dass wir 812,50 Euro so gut wie sicher haben."

„Plus Besis Kohle für die Fouls", sagt Leo.

„Wenn so geholzt wird wie im zweiten Spiel heute, bleibt davon aber nicht viel übrig", meint Murat.

Ralf musste während dieser Partie zwölfmal auf Freistoß entscheiden. Auch wenn die Fouls hauptsächlich aus Ungeschicklichkeit begangen wurden, schmelzen die von der Lehrerin in Aussicht gestellten 50 Euro bei solchen Spielen zusammen wie Eiscreme in der Sauna.

9. Kapitel

Grobes Foul

Am Ende der Woche sind trotz des noch ausstehenden Nachholspiels bereits 79 Tore gefallen. Inklusive der nun auch von Murat eingereichten 25 Cent, weiterer zwölf Cent von Nachzüglern und drei Cent vom Schulleiter, erhält die 3a inzwischen 6,90 Euro pro Tor. Fast alle Spender haben nach Katharinas zweitem Rundbrief angedeutet, dass sie die Obergrenze von 125 Toren nicht unbedingt in Anspruch nehmen, sondern alle Tore bezahlen wollen. Außerdem zeichnet sich ab, dass auch von Besis Fairnessprämie ein hübscher Batzen übrig bleiben könnte. Im Moment stehen die Kinder bei guten 40 Euro.

„Drei Cent – Dicky ist vielleicht knickrig", meint Naomi auf dem Nachhauseweg ins Wochenende.

„Er beteiligt sich bei allen Klassen", sagt Tina. „Da kommt ganz schön was zusammen."

„Auch wieder wahr." Naomi wendet sich an Zacharias, der denselben Schulweg hat. „Was macht eigentlich dein Vater wegen der Obergrenze?"

„Geht's dich was an?" Er beschleunigt seinen Schritt und biegt an der nächsten Ecke ab.

„Manchmal könnte ich ihn …", meint Naomi.

„Sag's nicht", fällt ihr Tina ins Wort. „Ist eh klar."

Als Zacharias am Montag nicht auftaucht, ist außer seiner Mannschaft keiner richtig traurig. Schließlich hat der Angeber der Klasse während der ersten Turnierwoche nur miese Stimmung verbreitet. Dabei ist nach den Anfangsproblemen alles super gelaufen. Poldi hält ihnen die Halle frei, es fallen viele Tore und spannend ist das Turnier obendrein. Drei Teams liegen mit sieben Punkten an der Spitze. Pias gemischte Mannschaft führt aufgrund des Torverhältnisses vor den Teams von Murat und Zacharias.

Weil Zacharias fehlt, schlägt Ralf vor, Pias und Murats Mannschaften heute zweimal gegeneinander spielen zu lassen. „Dann hätten wir das Nachholspiel abgehakt."

Wie es der Zufall will, kann an diesem Montag jedoch nur ein Spiel stattfinden, weil ein paar Handwerker die alten Lampen der Turnhalle durch Energiesparlampen ersetzen. Nach einem

3:2 für Pias Mannschaft wird es am kommenden Montag also zwei Nachholspiele geben.

Von Tag zu Tag kommen die Kinder mit der Verteidigung der größeren Tore besser klar. Die Torquote sinkt wieder etwas, trotzdem wird die Obergrenze von 125 bereits am Donnerstag überschritten. Ausgerechnet Xaver, der fast immer in der Abwehr bleibt, widerfährt die Ehre des Jubiläumstreffers. Als von der Tribüne ein Riesenjubel auf ihn einprasselt, winkt er mit scheuer Geste und einem höflichen „Danke!" ins Publikum.

Nicht zuletzt durch diesen Treffer bewahrt er seiner Mannschaft auch die Chance auf den Turniersieg.

„862,50!", verkündet Wolfram den aktuellen Kontostand.

„Ganz toll!", knurrt Zacharias.

„Zahlt dein Vater eigentlich über die 125 hinaus?", möchte Wolfram von Zacharias wissen.

Der starrt schweigend in die Luft.

„He, ich hab was gefragt", sagt Wolfram.

„Geh mir von der Backe, ja?" Zacharias boxt Wolfram sauer gegen den Oberarm.

„Geht's noch?" Wolfram reibt sich die Stelle. „Gleich zieht uns Besi dafür 20 Cent ab."

„Heul doch, Weichei!" Zacharias schlägt noch heftiger zu.

Diesmal hält Wolfram dagegen und boxt ihm ebenfalls mit aller Kraft gegen die Brust. Zacharias springt auf, nimmt Wolfram in den Schwitzkasten. Wolfram verpasst ihm einen Ellbogenschlag in die Magengrube.

Einen Moment später packt Frau Lukas den einen links den anderen rechts am Arm und zerrt die Kampfhähne auseinander. „Können mir die Herren mal erklären, was das soll?"

„Das geht Sie überhaupt nichts an!", faucht Zacharias.

Die nicht am Spiel beteiligten Kinder versammeln sich um die Streitenden.

„Und ob mich das was angeht! Ich stelle euch hier in meiner Freizeit die Halle zur Verfügung und ihr habt nichts Besseres zu tun, als euch zu prügeln? Was sagst du dazu, Wolfram?" Die neue Hausmeisterin kennt schon nach vierzehn Tagen fast alle Kinder mit Namen. Putzig, ihr Vorgänger, erkannte allenfalls Gesichter und behauptete sowieso immer nur, die 3a wäre die schlimmste Klasse unter dem Himmel.

„Hab mich nur gewehrt", antwortet Wolfram außer Atem. „Der hat mir eine reingehauen."

„Einfach so?"

Wolfram funkelt seinen Gegenüber an. „Ja!"

„Macht ihr die Lichter aus, wenn ihr fertig seid?", fragt Frau Lukas die anderen. „Ich bringe die beiden ins Hauptgebäude, um die Sache zu klären."

„Lassen Sie mich los!", schimpft Zacharias.

„Wenn du ohne Theater mit zu eurer Lehrerin kommst", erwidert die Hausmeisterin.

Zacharias befreit sich mit einem Ruck, macht aber keinerlei Anstalten abzuhauen. Wolfram, der sich längst wieder abgeregt hat, fragt sich inzwischen, was in Zacharias gefahren ist.

Als Besi schließlich ins Besprechungszimmer kommt, lehnt Wolfram an der Wand und schaut voller Verwunderung auf seinen Mitschüler. Das Gesicht zwischen den Armen vergraben, kauert Zacharias über dem Tisch. Die unregelmäßigen Zuckungen lassen darauf schließen, dass er heult.

Frau Besenbinder sieht Wolfram fragend an. Der hebt ratlos die Hände. Die Lehrerin zieht einen Stuhl heran, hockt sich neben Zacharias und legt ihm einen Arm um die Schultern. Trotz seiner abwehrenden Bewegung, lässt sie ihn nicht los. „Erzählst du mir, was los ist?", fragt sie sanft.

„Ich hab die Kohle nicht!", schreit Zacharias, ohne den Kopf zu heben.

Noch einmal blickt Besi zu Wolfram. Er hat keine Ahnung, was sein Mannschaftskapitän meinen könnte.

Mit einem Ruck richtet sich Zacharias auf. „Ich hab keinen einzigen Euro und weiß nicht, wo ich das Geld hernehmen soll!"

„Sprichst du von dem Euro, den dein Vater pro Tor zahlen möchte?", fragt Besi.

„Einen Scheiß will er zahlen!", stößt er heulend hervor. „Er macht so einen Spendenscheiß nicht mit, weil er schon genug Steuern zahlt."

Frau Besenbinder sieht ihn ratlos an. „Beruhige dich erst mal, Zacharias." Sie reicht ihm ein Taschentuch. „Ich verstehe noch immer nicht, was du uns sagen willst."

Zacharias putzt sich die Nase, holt ein paarmal tief Luft. Dann beginnt er, von Schluchzern unterbrochen, zu erzählen: Als sein Vater von der Sponsorenaktion für die Schule erfahren hat, habe er einen Wutanfall bekommen. Er bezahle schon genug Steuern. Was die denn mit seinem Geld anstellen würden, wenn nicht einmal genug für die Schulen bliebe.

„Recht hat er", sagt Besi.

„Was?", fragt Wolfram, der die geizige Haltung von Zacharias' Vater nicht fassen kann. Die Familie kann vor Geld kaum geradeaus laufen und Herr Quast ist nicht bereit, Geld für ein Sponsorenturnier der Klasse seines Sohnes zu spenden?

Besi nickt. „Im Grunde hat Herr Quast vollkommen recht! Ich finde auch, dass es nicht nötig sein sollte, für einen vernünftigen Ganztagsbetrieb der Schule Geld zu sammeln. Schulen gehören mit Steuermitteln finanziert. Aber leider werden die Steuergelder für jede Menge anderer Dinge ausgegeben."

Zacharias schaut Frau Besenbinder genauso unverwandt an wie Wolfram. Dass die Lehrerin die Argumente seines Vaters unterstützt, überrascht ihn. „Aber …", er ringt nach Worten, weiß nicht, was er sagen soll.

„Passt mal auf", wendet sich Besi an die beiden. „Einerseits kann ich deinen Vater gut verstehen." Sie blickt Zacharias in die Augen. „Andererseits kann ich aber auch nachvollziehen, was in dir vorgeht. Deiner Familie geht es gut, dein Papa könnte sich – wie du vielleicht etwas zu häufig betonst – auch einen Euro pro Tor leisten."

Zacharias macht eine zustimmende Geste.

„Dann sagt er dir, dass er aus Prinzip nichts spenden will", fährt die Lehrerin fort.

Zacharias nickt.

„Und weil du dich nach deinen großen Sprüchen nicht blamieren wolltest, hast du trotzdem einen Euro pro Tor zugesagt."

Wolfram klatscht sich gegen die Stirn. „Den du bei so vielen Toren natürlich nicht bezahlen kannst! Mann, Zacharias, warum machst du so was?"

Der Angesprochene springt auf. „Das geht dich einen …"

Besi hält ihn zurück und fällt ihm ins Wort: „Und ob ihn das was angeht! Setz dich wieder hin und hör mir zu, Zacharias."

Widerwillig nimmt er wieder Platz.

„Es geht deinen Mitschüler durchaus etwas an. Nachdem wir, eure Lehrkräfte, gemeinsam beschlossen haben, dass alle Klassen irgendwie Geld auftreiben sollen, sitzen alle im selben Boot. Auch die 3a. Bis hierhin alles klar?"

Zacharias ringt sich ein „Ja" ab. Wolfram nickt.

„Damit stellt sich die Frage, wie wir dein Problem lösen. Gemeinsam. – Soll ich mit deinem Vater reden?"

„Nein!"

„Wenn du das nicht möchtest, suchen wir morgen mit der Klasse einen Ausweg. Morgen früh tagt zu Beginn der ersten Stunde der Klassenrat."

„Nein!", protestiert Zacharias erneut.

„Tut mir leid, Zacharias, da musst du durch. Einige werden garantiert sauer sein. Trotzdem bin ich sicher, dass du dich auf deine 3a verlassen kannst."

Zacharias schnauft tief durch.

Wolfram legt ihm einen Arm um die Schultern. „He, Mann, wir kriegen auch so viel Kohle zusammen. Da ist es nicht schlimm, wenn von deinem Vater nichts kommt."

„Ich zahl das ab", sagt er. „Und wenn's ein Jahr dauert."

„Wie viel Taschengeld bekommst du pro Woche?", fragt Wolfram, der die ganze Sache mal eben durchrechnen möchte.

„Das Taschengeld lassen wir vorläufig aus dem Spiel", sagt Frau Besenbinder. „Es ist sehr nobel von dir, Zacharias, dass du alles bezahlen willst. Aber, wie Wolfram schon sagte, es ist nicht nötig."

Zacharias hebt den Blick. „Ich will aber."

Die Lehrerin streicht ihm über den Kopf. „Lass uns morgen drüber reden, ja? Es wird schwer genug für dich. Aber ich bin dabei, um dir zu helfen."

„Ich auch", sagt Wolfram.

„Du? Wieso?"

„Weil du nichts dafür kannst, wenn dein Vater nicht zahlt", sagt Wolfram. „Okay – dass du mit dem Euro pro Tor angegeben hast, finden bestimmt ein paar doof. Aber sonst ..."

„Was machen wir wegen eurer Prügelei in der Sporthalle?", fragt Frau Besenbinder.

„Wegen welcher Prügelei?", fragt Wolfram schein-heilig und boxt Zacharias kumpelhaft gegen den Oberarm.

Die Lehrerin belässt es bei einem mahnenden Blick.

Zacharias ringt sich ein Lächeln ab. „Danke", sagt er leise.

10. Kapitel

Mannschaftssitzung

Freitagfrüh wundert sich der Rest der 3a, dass Besi zu Beginn des Unterrichts einen Stuhlkreis fordert. Die beiden Streithähne haben noch nichts erzählt. Als die Klasse schließlich Bescheid weiß, herrscht zunächst ratloses Schweigen. Nicht alle können nachvollziehen, weshalb Herr Quast nicht bereit ist, etwas für ihr Turnier zu spenden. Ein paar können aber mit dem Argument, dass Schulen mit Steuergeldern finanziert werden sollen, durchaus etwas anfangen.

„Tut mir leid, dass ich so angegeben habe", sagt Zacharias kleinlaut.

„Dann bekommen wir jetzt 125 Euro weniger?", fragt Pia.

„Nein, 250 Euro!", korrigiert Ulli. „Weil die Schule ja für jeden Euro von der Stadt einen dazubekommt."

Corinna lacht. „Das ist ja lustig. Dann bezahlt Herr Quast ja doch noch was für die Spendenaktion." Die wenigsten kapieren, was sie meint.

„Das Geld von der Stadt sind bezahlte Steuern, ja?", erklärt sie. „Also auch die von Herrn Quast."

„Ich zahl die 125 Euro selber", sagt Zacharias noch einmal.

„Nach einem Banküberfall, oder was?", fragt Oskar spöttisch.

Die meisten lachen. Frau Besenbinder ergreift das Wort. „Ich finde, wir sollten Zacharias von

dieser Last befreien. Wie es dazu gekommen ist, wissen wir. Dass es ihm leid tut, haben auch alle mitbekommen."

„Und wie geht's jetzt weiter?", fragt Pia.

Frau Besenbinder schlägt vor, das Turnier erst einmal zu Ende zu spielen und abzuwarten, wie viele Sponsoren mehr als 125 Tore bezahlen möchten. „Ich bin sicher, dass ein absolut toller Betrag herauskommen wird."

Die Kinder kehren auf ihre Plätze zurück. Zacharias, der in der ersten Reihe sitzt, hat den restlichen Vormittag das Gefühl, die Blicke seiner Mitschülerinnen und Mitschüler im Rücken zu spüren. Tatsächlich fragen sich viele, weshalb er unbedingt den höchsten Betrag abliefern wollte. Zumindest können sie sich nun erklären, weshalb Zacharias so eifrig verteidigt hat: Jedes nicht geschossene Tor bedeutete für ihn einen Euro weniger Schulden.

Obwohl er nach der Besprechung im Morgenkreis etwas entspannter sein könnte, zeigt Zacharias im Freitagsspiel erneut größten Einsatz. Er führt seine Mannschaft zu einem überzeugenden 6:2. Nach dem abschließenden 1:7 zwischen Corinnas und Murats Mannschaft ergibt sich schließlich eine äußerst spannende Ausgangssituation für die Nachholspiele am Montag: Drei der fünf Mannschaften haben noch Chancen auf den Turniersieg.

An erster Stelle liegt Pias Team mit 16 Punkten und 30:18 Toren. Auf dem zweiten Platz folgt Murats Mannschaft mit 14 Punkten und einem Torverhältnis von 38:21. Dritte sind die Jungs um Zacharias mit ebenso vielen Punkten und 29:21 Toren.

Es könnte nicht spannender sein.

11. Kapitel

Strafstoß

Am Montag ist die Tribüne bereits eine Viertelstunde vor Spielbeginn gut gefüllt. Es hat sich in der Mühlbergschule herumgesprochen, dass es beim Fußballturnier der 3a nicht nur spannend zugeht, sondern obendrein richtig viel Geld in die Kasse kommt. Auch Herr Dieckmann ist zum Abschluss noch einmal dabei und Frau Besenbinder hat einige Kolleginnen und Kollegen mitgebracht. Mehrere Eltern und jede Menge Kinder aus anderen Klassen schauen zu. Natürlich ist auch Frau Lukas, die das ganze Turnier so engagiert begleitet hat, wieder dabei. Obwohl sie Corinnas Mannschaft vor dem Anpfiff noch ein paar taktische Hinweise gegeben hat, werden die Mädchen von Zacharias, Qadir, Dragan, Wolfram und Gerit mit 5 : 0 vom Feld gefegt.

So ist die Aufregung aller Mitspieler vor der abschließenden Begegnung zwischen den Teams von Pia und Murat kaum auszuhalten. Die Gewinner des letzten Spiels gewinnen auch das

Turnier. Ralf bittet die Hausmeisterin, das Spiel für ihn zu übernehmen. Erstens hält er die Spannung selbst kaum aus und zweitens möchte er sich mit dieser Geste bei ihr für die großartige Unterstützung bedanken. Sie freut sich tatsächlich darüber und erhält einen dicken Applaus: „Poldi! Poldi! Poldi!"

Mit jeder abgelaufenen Spielminute freut sich Ralf mehr, dass er die schwere Pflicht, diese entscheidende Begegnung zu leiten, abgegeben hat. Auf dem Feld entwickelt sich ein packender Kampf zwischen zwei gleichwertigen Mannschaften. Sekunden vor Schluss bedarf es der ganzen Erfahrung von Frau Lukas, die richtige Entscheidung zu treffen. Bei allem Einsatz und bei allem Lob, das Ralf bisher als Schiri erhalten hat – die letzten Sekunden hätte er nicht pfeifen wollen. Beim Spielstand von 4:3 für Pias Team wehrt Oskar mit einer Reflexbewegung einen Schuss von Ulli mit dem Arm ab. Oskar hebt sofort entschuldigend die Hand, akzeptiert Poldis Pfiff zum Strafstoß jedoch ohne Widerspruch. Im selben Moment springt allerdings der Zeiger der Hallenuhr auf 14:00 Uhr. Eigentlich ist die Zeit abgelaufen.

„Der Strafstoß wird noch ausgeführt", verkündet Frau Lukas. „Wer übernimmt die Verantwortung? Der Kapitän selbst?"

Nein, Murat gibt den Ball an Ulli weiter. Der legt sich den Ball fünfzehn Meter vom gegnerischen Kastenteil entfernt zurecht. Auf der Tribüne herrscht Stille. Egal für wen, alle drücken die Daumen. Ulli nimmt Anlauf. Die meisten Strafstöße des Turniers wurden als Roller ausgeführt, Ulli haut jedoch überraschend stramm drauf. Zwei Meter vor dem Kasten springt der Ball einmal auf und prallt dann von oben aufs Holz. Pias Mannschaft reißt jubelnd die Arme hoch. – Doch der Ball springt gegen die Wand, kommt wieder zurück und rollt von hinten durchs Tor. Poldi pfeift und zeigt auf den Anstoßpunkt in der Mitte des Spielfeldes. Das Tor zählt. Klar! Billardtore sind laut Regel ausdrücklich erlaubt. Jetzt reißen die Jungs um Murat die Arme hoch. Was für ein Finale!

„Wer hat jetzt eigentlich gewonnen?", fragt Frederike auf der Tribüne.

„Unentschieden, 4 : 4", antwortet Jana.

„Das hab ich mitbekommen", sagt Frederike. „Aber wer hat das Turnier gewonnen?"

Wie viele andere blickt auch sie auf Ralf, der das Ergebnis in die Liste einträgt und die Tabelle ausrechnet. Er fasst sich an den Kopf, rechnet nach. Endlich wendet er sich an Zacharias: „Ihr habt das beste Torverhältnis! Ihr seid Erster!"

Einige zeigen sich verblüfft. Es dauert einen Moment, bis die Nachricht zu allen durchsickert.

Dann bricht Jubel aus. Die Zuschauer auf den Rängen erheben sich und applaudieren den Turniersiegern. Qadir, Dragan, Wolfram, Gerit und Zacharias stürmen aufs Feld und verbeugen sich vor der Tribüne. Schließlich versammeln sich alle Kinder der Klasse 3a auf dem Spielfeld, bilden Hand in Hand eine Reihe und bedanken sich bei den Fans.

Nun kann Jana noch einmal ihre Erfahrungen als Auflaufkind einsetzen. Sie hebt ihre Hände Richtung Publikum und fordert alle auf, es ihr gleichzutun. Schließlich halten alle die Hände

waagrecht nach vorn und zappeln mit den Fingern. Dazu geben sie ein immer lauter werdendes „Oooooooooh!" von sich, bis sie am Ende die Hände mehrmals nach oben reißen und das Publikum mit derselben Wellenbewegung antwortet.

Keiner denkt in diesem Moment an Sponsorengelder. Dieses Turnier war einfach total klasse!

12. Kapitel

Verlängerung

Am Dienstag sieht man zu Unterrichtsbeginn nur strahlende Gesichter. Vor allem Zacharias strahlt mit der Sonne um die Wette. Alle glauben, seine gute Laune hätte etwas mit dem Sieg in letzter Sekunde zu tun.

„Ihr habt sicher schon ausgerechnet, wie viel Geld ihr eingespielt habt", sagt Besi.

„5,90 Euro pro Tor macht bei 125 Toren genau 737, 50!", sagt Wolfram. „Und viele wollen sogar für alle 156 Tore zahlen!"

Jubel bricht aus.

„Von Frau Besenbinders Bonussprämie sind noch 31 Euro und 40 Cent übrig!", informiert Leo die 3a.

„Ihr habt auch super fair gespielt, Leute!", ruft Ralf. Sein Lob geht jedoch im Jubel unter.

„Wenn ich richtig gerechnet habe", sagt Besi, „sind also 768,90 Euro sicher!" Sie schreibt die Zahl an die Tafel.

Mitten im tosenden Beifall steht Zacharias auf und bittet die Lehrerin um die Kreide. Er streicht die 768,90 durch und schreibt zwei neue Beträge an die Tafel: *868,90 Euro + 25 Euro.*

„Das musst du uns erklären", sagt Besi.

Zacharias hebt die Schultern. „Mein Papa hat sich so gefreut, dass unsere Mannschaft das Turnier gewonnen hat", antwortet er fast entschuldigend, „da hat er mir 100 Euro gegeben."

Die Klasse ist sprachlos.

„Und die andern 25 Euro?", fragt Frau Besenbinder.

Zacharias dreht sich um und wendet sich an seine Klasse: „Die sind von mir. Es tut mir echt leid, dass ich so angegeben habe mit dem einen Euro pro Tor. Ich hab das Geld nicht sofort. Aber ich zahl das ab. Von meinem Taschengeld. Ich will, dass ihr die 25 Euro annehmt."

Leo verzieht das Gesicht, als zweifle er an Zacharias' Verstand. „Aus welchem Grund sollten wir das Geld ablehnen?"

Und damit spricht er vielen aus der Seele.